Gudrun Mebs

OMA, schreit der Frieder.
ICH WILL AUSLÄNDISCH REDEN!

Gudrun Mebs

OMA

SCHREIT DER FRIEDER
ICH WILL AUSLÄNDISCH REDEN!

Mit Bildern von Fides Friedeberg

Hase und Igel®

Für Lehrkräfte gibt es zu diesem Buch
ausführliches Begleitmaterial beim Hase und Igel Verlag.

Aus: *„Oma!", schreit der Frieder* von Gudrun Mebs
© Fischer Kinder- und Jugendbuch Verlag GmbH, Frankfurt am Main, 2018.
Erstmals erschienen 1984 im Sauerländer Verlag.

Für diese von der Autorin genehmigte Erstleseausgabe
wurde die Geschichte „Ausländisch reden" aus dem oben genannten Buch
leicht bearbeitet und neu illustriert.

MIX
Papier aus verantwor-
tungsvollen Quellen
FSC® C043106

Sonderausgabe mit Silbenhilfe

© 2020 Hase und Igel Verlag GmbH, München
www.hase-und-igel.de
Lektorat: Verena Sangu
Satz: Appel Grafik München GmbH
Druck: Grafisches Centrum Cuno GmbH & Co. KG

ISBN 978-3-86316-051-7
2. Auflage 2023

„Oma!", schreit der Frieder
und zupft an Omas Rock.
„Oma, ich will ausländisch reden!
Jetzt gleich!"

„Ja lässt du mich gleich los, Bub!",
zetert die Oma
und schält Karotten.
„Ausländisch reden!
Das fehlt noch!
Ich red, wie mir der Schnabel
gewachsen ist.
Und damit Schluss."

„Schnabel sagt man nicht",
sagt der Frieder.
Er schnappt sich eine Karotte,
eine ungeschälte,
und wirft sie hoch.

„Ich schon", sagt die Oma.

Sie fängt die Karotte auf

und schält sie.

„Jetzt geh raus aus der Küche.

Spiel schön

und stör mich nicht.

Ich muss kochen.

Haben wir uns verstanden?"

Frieder seufzt
und Frieder nickt
und Frieder geht raus.
In sein Zimmer.

Wenn die Oma kocht,
ist nichts zu machen.
Leider.
Nie und nimmer
redet sie da
mit ihm ausländisch.
Wo er doch grad solche Lust drauf hat.
Mal anders reden,
mal ausländisch reden!
Und wo er doch gar nicht genau weiß,
wie das geht,
das Ausländischreden!

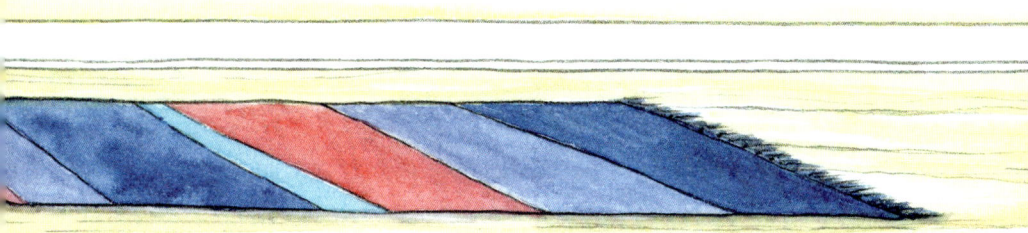

Frieder hockt sich
in sein Kinderzimmer
und nimmt den Teddy vom Bett.
„Teddy", fragt er,
„kannst du Ausländisch?"
Und er schüttelt
den Teddy
hin und her.

Der brummt sein Teddy-Brummen.
Wie er es immer macht,
wenn er geschüttelt wird.

„Das ist doch nicht Ausländisch.
Du bist blöd!",
schimpft der Frieder.
„Sag was anderes."
Und er schüttelt den Teddy noch mal.
Der brummt wieder,
diesmal ganz lang.
Aber mehr auch nicht.
„Du bist keine Hilfe",
seufzt der Frieder
und setzt den Teddy
zurück auf sein Bett.

Frieder schaut sich
im Kinderzimmer um.
Wer könnte sonst noch
mit ihm ausländisch reden?
Der Brummkreisel!
Wenn man den dreht,
dann tönt was.
Frieder nimmt den Kreisel,
setzt ihn auf den Boden
und zieht ihn tüchtig auf.
Der Kreisel schnurrt ab,
dreht sich
und lässt Töne hören.
Schnurrrsummmmsummmmsummmm.
Eben seine Brummkreiselmusik.

„Kenn ich schon",
murrt der Frieder.
„Das ist doch nicht Ausländisch.
Das ist höchstens
Brummkreiselländisch."
Frieder lässt den Kreisel ausschnurren
und kickt ihn dann unters Bett.
Der nutzt ihm auch nichts.
Der brummkreiselt ja bloß …

13

Keiner sagt ihm,
wie Ausländisch geht!
Die Spieluhr auch nicht.
Die braucht er gar nicht erst zu fragen.
Da weiß er sowieso schon,
was kommt.
Er zieht am Schnürchen
und dann singt sie los:
„Wer hat die schönsten Schäfchen,
die hat der liebe Mond …"
Ein Babylied.
Und Ausländisch ist das
schon gar nicht.
Das versteht ja jedes Kind.
Ausländisch, das ist was,
was man nicht versteht.
Und es tönt so schön.

Frieder seufzt.

Ausländisch …

Nichts fällt ihm ein.

Nichts Ausländisches.

Bloß Hunger.

Abendessenszeit ist es.

Schon lange.

Frieder reißt die Tür auf
und brüllt raus: „Hunger!"

„Rummeldibumm!",
tönt's zurück.

Frieder horcht auf.
Was war denn das?

Da tönt's schon wieder:
„Rummeldibumm!"

Frieder horcht.
Das ist doch die Stimme
von der Oma.
Die kennt er genau.
Was hat sie denn?
„Oma?", ruft er ängstlich.
„Oma, bist du das?"

„Kiki!", ruft die Oma.

Frieder saust in die Küche.
Vielleicht ist der Oma schlecht?
Sie redet so komisch.
So hat sie noch nie geredet.

Die Oma steht in der Küche.
Der Abendessenstisch ist gedeckt,
so wie immer.

„Was hast du denn, Oma?",
fragt der Frieder
und schaut ängstlich auf die Oma.

Die Oma hat eine Schüssel
in der Hand,
setzt sie auf den Tisch
und sagt: „Mampfpampf!"
Dann klopft sie auf Frieders Stuhl
und sagt: „Dadada!"
Sie schaut den Frieder an.

Der schaut zurück.

Was ist denn mit der Oma los?

Spinnt die jetzt?

„Dadada!", sagt die Oma noch mal.

Sie klopft wieder auf den Stuhl

und dann setzt sie sich.

Die Oma nimmt

eine große Portion Kartoffelbrei

auf ihren Teller.

Und von den Karotten auch.

Sie fängt gemütlich an zu essen.
„Mampfpampf ebbele bluuusi!",
sagt sie
und streicht sich
zufrieden über den Bauch.
Zum Frieder hin sagt sie: „Dadada!",
und schaut auf den Stuhl.

Frieder steht und starrt.
So kennt er die Oma
ja gar nicht.
So war sie noch nie.
Ist sie krank?
Im Hals oder so?
Aber sie sieht
ganz gesund aus.
Sie isst und grinst …

Und plötzlich begreift der Frieder:
Die Oma redet ausländisch!
Mit ihm!
Mit einem Hops
sitzt er auf seinem Stuhl,
greift nach dem Kartoffelbrei
und grinst die Oma an.
„Mampfdampf?"

Die Oma grinst zurück,
schüttelt den Kopf und sagt:
„Mampfpampf! Maaaaampfpaampf!"

Frieder sagt nach:
„Mampfpampf!"

„Kiki!" Die Oma lacht und nickt
und sagt: „Bluuuusi!"

Frieder sagt auch: „Bluuuusi",
und beginnt zu essen.

Kartoffelbrei,
den mag der Frieder gerne.
Und Karotten auch.
„Kinkelbrinkel?", fragt er
und zeigt auf die Karotten.

„Kiki!", antwortet die Oma.

„Bluuusi!", ruft der Frieder und lacht.

„Schnodderfratziklatzibumm",
sagt die Oma
und nimmt sich
zum zweiten Mal
vom Kartoffelbrei.

„Taktaktak", sagt der Frieder
und runzelt die Stirn.
Er zieht die Kartoffelbreischüssel
zu sich her.

„Hä?", macht die Oma.

Frieder wackelt
mit seinem Zeigefinger
und sagt: „Taktaktak!
Ele ibibib!"

„Kiki!", sagt die Oma.
„Ulebumm ibibib!"
Und sie greift
nach der Kartoffelbreischüssel
und schöpft sich auf.

Frieder kichert.
Er stopft Karotten
in seinen Kartoffelbreiberg.
Dann stopft er alles,
dicker Bissen auf dicken Bissen,
in seinen Mund.

Die Oma stopft auch.
„Bluuuusi!", stöhnt sie
und grinst zum Frieder rüber.

„Bluuusi!", sagt der
und grinst zurück.

Das ganze Abendessen lang
reden Frieder und Oma ausländisch.
Einer schöner als der andere.

Bis die Oma müde wird und sagt:
„Jetzt bin ich müd, Bub!"

Da springt ihr der Frieder
auf den Schoß.
Er gibt ihr einen Schmatz
und wispert ihr ins Ohr:
„Liebe Omalalamamalala!"

„Schon recht", seufzt die Oma
und räumt den Tisch ab.
„Herzensbubele!"

„Und morgen
reden wir wieder ausländisch,
ja, Oma?", ruft der Frieder
und stellt
die Kartoffelbreischüssel
ins Spülbecken.

„Wenn ich's dann
noch kann!",
sagt die Oma
und trägt
die Karottenschüssel
hinterher.